DISCOURS

PRONONCÉ

Par Charl.-Louis MOLLEVAUT,

LE 25 MESSIDOR AN X,

En présence du Préfet de la Meurthe, des Autorités civiles, militaires et des Citoyens réunis pour célébrer LA FÊTE DU 14 JUILLET.

A NANCY,

Chez J. R. VIGNEULLE, Imprimeur, place de la République (ci-devant Carrière), n.º 17.

AN X (1802).

DISCOURS

PRONONCÉ

PAR CHARLES-LOUIS MOLLEVAUT,

A LA FÊTE DU 14 JUILLET.

FRANÇAIS,

LA Fête nationale qui nous rassemble en ce jour solemnel, doit être consacrée à célébrer les triomphes d'un peuple illustre et de ses héros, la grandeur de son Gouvernement et la paix rendue au monde.

Quelle voix assez éloquente remplirait dignement cet auguste ministère ?

Il effrayerait ma jeunesse, il glacerait mon courage ; s'il exigeait de l'éloquence, du génie, et le tableau brillant des actions immortelles qui honorent la Nation française.

Mais quelques vérités exposées avec candeur et sans artifice, montreront combien elle est grande au milieu des orages, des tempêtes et des combats ; dans le sein de la victoire, du calme et de la paix ; et combien le Gouvernement qu'elle s'est choisi est digne de sa reconnaissance et de son amour.

Gloire, honneur au Peuple français !

Entouré de mille précipices et d'innombrables obstacles, il résiste par sa seule énergie à la plus épouvantable des commotions, et parvient, livré à lui seul, à fixer enfin son Gouvernement.

Quelle source féconde et de bravoure et de constance ! Quelle contrée n'a pas vu ses troupes victorieuses ! Quelle armée n'a pas senti le bras invincible de nos guerriers ? Quelles tours menaçantes et quels remparts ne se sont point écroulés sous les coups redoublés de nos légions ! Les voyez-vous gravir ces montagnes inaccessibles, et dompter ces rochers sourcilleux, qui jusqu'alors ne l'avaient été que par la foudre ?

Ce n'est pas une audace aveugle et téméraire qui les emporte au hasard et sans prévoyance. De vastes combinaisons appliquées à un territoire immense, impriment à-la-fois un mouvement impétueux et réfléchi à des armées nombreuses sur le Rhin, les côtes de l'Océan, de la Méditerranée, sur les Alpes, les Pyrénées, et dans l'intérieur de la République.

Gloire, honneur au Peuple français !

Quel inépuisable fond de clémence, de douceur et de sensibilité !

Je ne dissimulerai point cette époque où des trahisons de tous les genres, et des factions de tant d'espèces diverses, confondant le devoir avec la passion, le droit avec l'intérêt ; ajoutant à la guerre du dehors, les fureurs de la guerre civile ; il sembla un instant que nous nous détruirions de nos propres mains, que l'empire français ne tarderait pas à être rayé de la liste des États de l'Europe, et qu'il ne restait plus à considérer que de quel côté allait tomber ce grand arbre ébranlé par tant de mains, et frappé de tant de coups à sa racine.

Dans cette crise, au milieu de ces convulsions, l'orage est conjuré ; les efforts de nos ennemis demeurent impuissans ; le Peuple français conserve une attitude imposante : semblable à un lion irrité, qui de sa queue terrible frappe ses flancs, fait couler son sang et n'en est pas moins l'admiration, la terreur et le monarque des forêts.

Ainsi le sentiment de l'honneur et de sa dignité ne s'éteignit jamais dans le cœur du Français. Et s'il n'eût toujours subsisté, quoique moins lumineux, le feu sacré de la justice, de l'ordre et de la vertu, quelle puissance eût donc été capable de le rallumer aussi promptement, et jouirions-nous de cet admirable spectacle que la France donne à l'univers étonné, d'oubli, de pardon, de générosité, de la plus douce union des Français entr'eux et avec tous les peuples ? En sommes-nous redevables à des lois, aux tribunaux, aux supplices, à des ordres menaçans ? Nous le devons sur-tout à la bonté du caractère national.

Il appartenait à un tel peuple d'enfanter une foule de héros. Et quelle époque en admira jamais un aussi grand nombre sur ce théâtre périlleux d'événemens les moins faciles à prévoir ?

Le jour où Turenne expira, tué dans les champs de Saltzbach le 27 juillet 1675, elle s'éclipsa la gloire des armes françaises, et parut avoir été ensevelie avec ce grand homme, dans le même tombeau. Ce qu'elle reprit d'éclat dans la suite ne fut pas de longue durée, et s'évanouit à la mort du Maréchal de Luxembourg.

Mais les pertes que la République a essuyées

des meilleurs généraux ont été bientôt ré-
parées, et d'autres généraux, pleins de science
et d'audace sortent tout-à-coup des rangs de
nos soldats, comme la fable nous peint Mi-
nerve sortie toute armée du cerveau de
Jupiter.

Il est un de ces héros qui, jeune encore,
s'élance, fort du sentiment intime de ses hautes
destinées, dans cette carrière semée d'écueils,
avec toute la vigueur et de l'âge et du capi-
taine le plus expérimenté ; il vole de victoire
en victoire, étonne, irrite, déconcerte, oblige
à déployer ce que la tactique a de plus in-
génieux, la force de plus redoutable contre
un vainqueur porté sur les ailes de la valeur
et du génie. Mais de quelque stratagême que
l'on use et quelques efforts que ses ennemis
épuisent ; ils le trouvent prêt à fondre sur eux,
tel qu'un aigle qu'on voit toujours, soit qu'il
reste au milieu des airs, soit qu'il se pose
au haut d'un rocher, porter de tous côtés ses
regards perçans et tomber sûrement sur sa
proie.

Si par-tout il imprime des traces profondes
de sa bravoure indomptable, il en imprime
aussi de ses intentions pacifiques. S'il ne com-
bat jamais sans être victorieux, jamais aussi
n'est-il victorieux que pour donner des preuves
de sa modération.

Cette masse de triomphes suffisans pour immortaliser une longue vie, est à peine le commencement de la carrière de Bonaparte, et n'est pas encore, j'oserai le dire, son titre le plus magnifique à la reconnaissance nationale et aux bénédictions de la postérité.

Un autre genre de courage et d'intrépidité plus admirable à mes yeux, était nécessaire à sa grande ame, pour devenir, au 18 brumaire de l'an VIII, le Pilote du vaisseau de la République, entr'ouvert de toutes parts, et tout prêt à s'engloutir dans l'abîme.

La prospérité, toujours si faible et trop lente au gré de nos desirs, n'efface que trop souvent de la mémoire des hommes, les maux qu'ils ont cessé d'éprouver. Mais qui aurait donc oublié qu'au 18 brumaire ceux de la France étaient à leur comble ? et quelle perspicacité assez vive aurait eu le droit de soupçonner que, dans l'espace de deux ans, l'univers retentirait des merveilles qui se sont succédées avec tant de rapidité ?

La France placée à son rang dans la balance de l'Europe ; ses anciennes limites et de légitimes conquêtes, fruit du sang de nos Guerriers, désormais assurées ; des Républiques créées ainsi que des Royaumes ; des traités, ouvrage de la modération, de l'énergie et de la bonne foi qui cimentent l'harmonie entre

la France et les quatre parties du Globe ; la
Nation anglaise, rivale célèbre de nos exploits,
et qui ne l'est plus que de notre magnanimité ;
la religion nécessaire à l'homme, à la société,
basée sur des fondemens convenables à la
majestueuse simplicité de son auguste origine ;
la guerre civile éteinte ; nos colonies recon-
quises à la Métropole ; toutes les factions com-
primées ; des esprits inquiets forcés à goûter
un repos qu'ils refusaient à leur propre patrie ;
tous les ressorts de l'État se déployant d'un
concert unanime ; ce n'est là qu'une idée
faible d'une partie des bienfaits de notre Gouvernement envers la France et l'humanité.

Gloire, honneur au Gouvernement Français !

Pour n'être pas ébloui, séduit, égaré
par les charmes enivrans de cette gloire
extraordinaire, il est besoin d'un courage
peut-être supérieur à celui qu'il fallait pour
la conquérir. Hé bien ! à la vue de cette active
sollicitude et de ces veilles laborieuses qui em-
brassent toutes les parties de l'Administration,
ne dirait-on pas que LE PREMIER CONSUL est
persuadé qu'il n'a rien fait encore pour l'im-
mortalité ? Que dirai-je de ce Code civil qui,
dans un Alexandre, fait admirer un Solon ?
de cette loi sur l'instruction publique, si pré-
cieuse à la génération présente et à toutes
celles qui la suivront ? Quelles mesures puis-

santes et sages pour que la jeunesse ne puisse jamais errer sans guide dans les ténèbres de l'ignorance, et ne jamais être livrée sans appui au souffle de la licence et aux ouragans des passions !

Admirons, chérissons ces résultats inespérés, sûrs garans d'une paix inaltérable, et de la jouissance de tous les dons que la nature a prodigués aux mortels. Ces lois émanées de nos Magistrats suprêmes, ces institutions, ces monumens de liberté, de sagesse, imprimeront d'âge en âge, dans tous les cœurs, des sentimens ineffaçables d'amour et de vénération.

La reconnaissance nationale ne le cède pas à la grandeur du bienfait. Le premier peuple de la terre confie au plus grand des héros, pour toute la vie, le dépôt sacré de son gouvernement et de ses lois.

A l'aspect de la France sortie de tant de ruines et du chaos, majestueuse et plus puissante que jamais ; si ces guerriers, objet de l'admiration des siècles, tout le temps que l'on estimera la valeur et la magnanimité, si cette foule de héros qui ont prodigué leur vie dans les combats, pouvaient, soulevant le voile de la mort, sortir de leurs tombeaux, ils s'écrieraient : Ce n'est donc pas en vain que nous avons sacrifié nos jours. Notre

patrie est triomphante, et la plus belle aurore
a lui pour elle. O Français, combien de motifs
de la chérir ! Jouissez, plus heureux que
nous, dans le sein des mœurs et de la paix,
du fruit de nos travaux. Mais si elle réclamait
encore votre bras; volez au champ de l'honneur, affrontez tous les dangers, la mort même.
Il est beau, il est glorieux de verser son sang
pour la patrie.

115